평범한 우리 어린이들을 다음 세대
위인으로 만들어 줄 교과서 위인 이야기!
효리원의 교과서 위인 이야기는 초등학교
교과 과정에 나오는 국내외 위인들을, 우리나라
최고 아동 문학가 53인이 재미있게 동화로 구성했습니다.
지혜와 용기로 위대한 삶을 산 위인들의 이야기는,
어린이들의 마음속에 '나도 할 수 있다.'는
희망의 씨앗을 심어 줄 것입니다!

일러두기

1. 띄어쓰기와 맞춤법 : 초등학교 국어 교과서와 국립국어원의 『표준국어대사전』을 기준으로 하였습니다.

2. 외래어 지명과 인명 : 국립국어원의 『외래어 표기 용례집』을 기준으로 하였습니다.

3. 이해가 어려운 단어 : ( ) 안에 뜻풀이를 하였습니다.

4. 작가 연보 : 연도와 함께 나이를 표기하고, 업적을 간략히 소개하였습니다. 우리나라 위인은 태어난 해를 한 살로 하였고, 외국 위인은 만 나이로 태어난 다음 해를 한 살로 하였습니다. 정확한 자료가 없는 위인은 연도와 업적만을 나타냈습니다.

5. 내용 구성 : 위인의 삶은 역사적 자료를 바탕으로 최대한 사실적으로 구성하였습니다. 그러나 읽는 재미를 위해 대화 글이나 배경 묘사, 인물의 감정 표현 등에 작가의 상상력을 더했습니다.

6. 그림 구성 : 문헌을 바탕으로 위인이 살던 시대를 충실히 나타내도록 하되 복식의 색상이나 장식, 소품, 건물 등은 작가의 상상으로 그렸습니다.

7. 내용 감수 : 각 분야의 전문가들로 구성된 편집 위원들이 꼼꼼히 감수를 하였습니다.

편집 위원

김용만(우리역사문화연구소장)
교과서에서 만나는 위인들을 중심으로 일화와 함께 그림과 사진을 곁들여 지루하지 않게 읽을 수 있습니다. 술술 읽다 보면 학교 공부에도 많은 도움이 될 것입니다.

신현득(동시인, 전 새싹회 회장)
우리가 자주 듣고 접하는 역사 속 실존 인물들이 자신의 꿈을 이루기 위해 어떻게 노력했는지 깨달아 가면서 우리 어린이들은 한층 더 성숙해질 것입니다.

윤재운(동북아역사재단 연구 위원)
위인전을 읽으면서 어린이들은 시대를 넘어 간접 체험을 할 수 있습니다. 어떻게 살아야 하는지 인생에 대한 동기 부여와 함께 삶이 보다 풍요로워질 것입니다.

이은경(철학 박사, 전북과학대 유아교육학과 교수)
한 사람의 인격과 품성은 어릴 때 형성됩니다. 따라서 초등학교 저학년 때 어떤 책을 읽느냐에 따라 생각의 크기가 달라집니다. 어린이의 미래를 위해 이 책은 꼭 읽어야 합니다.

이창열(하버드 대학교 물리학 박사, 전 국가과학기술자문회의 전문 위원)
세상을 바꾼 위대한 인물의 이야기는 어린이의 인성 및 감성 발달에 큰 영향을 미칠 뿐 아니라 실험 정신과 개척 정신을 길러 줍니다. 용기와 지혜로 세상을 헤쳐 나가는 당당한 어린이를 꿈꾼다면 이 책은 꼭 한번 읽어 보아야 합니다.

정재도(한글학자)
위인으로 일컬어지는 이들은 어떤 생각을 하고, 어떤 삶을 살았을까요? 그들의 흔적을 담은 위인전은 복잡한 현대를 이끌어 갈 우리 어린이들에게 나침반과 같은 역할을 할 것입니다.

조수철(서울대학교 의과대학 소아정신과 교수)
위인전은 시대와 신분, 업적이 다른 위인들의 삶이 다양하고 흥미롭게 구성되어 있어 손쉽게 여러 삶의 모습을 만날 수 있습니다. 용기 있게 고난을 헤쳐 나간 위인의 이야기를 통해 삶의 지혜를 배울 수 있을 것입니다.

지동설을 주장한
이탈리아의 천문학자
갈릴레이

권영상 글 / 김윤조 그림

 효리원
hyoreewon.com

다람쥐가 쳇바퀴를 탑니다. 그러면 쳇바퀴가 돌아갑니다.

이때 어린이가 '왜 쳇바퀴가 돌아가는 거예요?'라고 묻습니다. 그 대답은 그리 어렵지 않습니다.

'멈추어 있는 물체에 누군가 힘을 가하면 움직인단다. 그러니까 다람쥐의 운동으로 쳇바퀴가 돌아가는 거지.'라는 대답을 해 줄 수 있습니다. 이것으로 설명이 부족하다면…… .

아, 말이 끄는 수레바퀴를 보여 주면 되겠네요. 물의 힘으로 돌아가는 물레방아를 보여 주어도 좋겠지요.

그런데 만약 어린이가 '지구가 돈다는 말이 사실인가요?'라고 묻는다면 어떻게 설명을 해야 할까요?

'지구가 돈다.'는 사실을 어린이가 알아듣기 쉽게 설명하기란 퍽 어렵습니다.

그래서 이 책은 이야기에 흥미를 느끼면서 읽도록 하는 일이 무엇보다 중요합니다. 지구가 돈다는 것을 과학적으로 설명해 주기보다는, 그것을 증명하기 위해 망원경을 만들고, 교회의 온갖 탄압을 이겨 나갔던 갈릴레이의 모습을 보여 주는 것이 보다 더 효과적일 것입니다.

이 책으로 우리 어린이가 세상의 많고 많은 위인들 가운데 한 위인의 삶에 흥미를 갖는 계기가 되기를 바랍니다.

"큰 돌멩이와 작은 돌멩이를 높은 곳에서 동시에 떨어뜨리면 어느 것이 먼저 떨어질까요?"

갑자기 이런 질문을 받는다면 어떻게 대답할 것인가요?

대부분 큰 돌멩이가 먼저 떨어진다고 대답할 것입니다.

큰 돌멩이가 작은 돌멩이보다 틀림없이 무거울 테니까요.

400년 전, 유럽 사람들도 그렇게 생각했답니다. 지식이 풍부한 대학 교수들도 그렇게 믿었지요. 그러나 놀랍게도 똑같이 떨어진다고 말한 사람이 있었습니다. 바로 갈릴레오 갈릴레이입니다. 지금부터 그의 놀라운 이야기 속으로 들어가 보세요.

글쓴이 권영상

차 례

갈릴레이가 태어났어요 ——————— 10

흔들리는 등 ——————————— 17

똑같이 떨어졌다 ————————— 27

감히 성서의 뜻을 어기다니! ————— 37

망원경으로 달을 보다 —————— 44

재판 ———————————————— 55

그래도 지구는 돈다 ——————— 62

갈릴레이의 삶 ————————— 71

읽으며 생각하며! ———————— 72

갈릴레이가 태어났어요

"아니, 우리 아기가 태어났다고?"

피사의 한 마을에서 아기 울음소리가 들렸습니다.

아기 아버지는 아내와 머리를 맞대고 아기를 들여다보았습니다.

"고녀석, 총명하게도 생겼네!"

아버지는 갓 태어난 아기를 품에 안았습니다.

"여보, 우리 아기 이름을 뭐라고 지을까요?"

아기 어머니는 이름부터 짓고 싶었습니다.

갈릴레오 갈릴레이 | '그래도 지구는 돈다.'는 유명한 말을 남긴 이탈리아의 천문학자입니다.

"우리 갈릴레이 집안의 맏아들이니까 당연히……."

"당연히?"

"갈릴레오 갈릴레이라 지어야겠지요."

"갈릴레오 갈릴레이라고요?"

"그래요, 갈릴레오 갈릴레이."

흐뭇한 얼굴로 아버지가 대답했습니다.

당시 토스카나 지방에서는 맏아들의 이름을 성과 겹쳐 쓰는 풍습이 있었습니다.

"갈릴레오 갈릴레이……. 참 좋은 이름이네요!"

갈릴레이의 어머니도 좋아했습니다.

갈릴레이는 1564년 2월 15일, 이탈리아의 피사에서 태어났습니다.

아버지는 빈센초 갈릴레이였고, 어머니는 줄리아 암만나티였습니다.

아버지 빈센초는 본디 피렌체에 살았습니다.

피렌체는 일찌감치 문화 운동이 일어난 곳입니다. 빈센초도 그 영향을 받아서인지 연주를 좋아하는 음악가였습니다.

빈센초는 결혼을 하면서 피사로 이사를 와 옷감 가게를 열었습니다. 하지만 돈을 잘 벌지 못해 집안 살림은 늘 어려웠습니다.

갈릴레이는 공부를 하러 집에서 멀리 떨어진 피렌체의 성 마리아 수도원까지 갔습니다.

그런데 그만 눈이 나빠져서 수도원을 그만두었습니다.

"아버지, 어쩌면 좋아요?"

"눈이 나빠진 게 어찌 네 탓이겠느냐?"

아버지는 갈릴레이의 마음을 달래 주었습니다.

"그렇지만 꼭 수도사가 되고 싶었단 말이에요."

갈릴레이는 마음속에 품었던 생각을 털어놓았습니다.

"수도사가 되겠다니! 도대체 그게 무슨 말이냐?"

아버지는 깜짝 놀라며 갈릴레이를 의자에 앉혔습니다.

"잠시 쉬었다가 눈이 좋아지거든 피사 대학에 들어가 의사가 되어야지."

이번에는 갈릴레이가 놀라 소리쳤습니다.

"싫어요! 아버지, 전 의사가 되고 싶은 마음이 전혀 없어요. 무슨 일이 있어도 의사는 되기 싫어요!"

갈릴레이는 단번에 거절했습니다.

"에휴, 고집도 원. 쯧쯧."

아버지는 혀를 차며 못마땅해 했습니다.

다행히 2년이 지나자 나빠졌던 눈도 원래대로 돌아왔습니다. 그리고 아버지의 권유를 받아들여 피사 대학의 의학부에 들어갔습니다.

"아들아, 이 아비의 소원을 들어 주어서 고맙구나."

갈릴레이는 한 학기가 지나도록 의학 공부에 적응하려 노력했지만, 아무 소용이 없었습니다. 아무래도 마음에 맞지 않았습니다.

"아버지! 의학 공부는 저와 맞지 않아요. 그만두겠어요. 전 수학을 공부하겠어요."

"뭐라고? 안 된다!"

아버지는 허락을 하지 않았습니다.

하지만 갈릴레이는 아버지를 설득해 끝내 의학 공부를 그만두었습니다. 그러고는 수학 공부를 시작했습니다.

흔들리는 등

바람이 몹시 부는 일요일이었습니다.

갈릴레이는 그날도 성당에 갔습니다.

"한 치라도 성경 말씀을 어기는 자는 큰 벌을 받으며……."

신부님은 그날 역시 똑같은 설교를 하기 시작했습니다. 새로운 이야기를 좋아하는 갈릴레이는 금세 지루해져 눈을 감았습니다.

신부님의 설교는 끝날 줄 모르고 계속되었습니다. 그때 어디선가 바람이 불어와 목덜미를 간질였습니다.

갈릴레이는 눈을 뜨고 어디서 바람이 불어오는지 살펴보았습니다. 창문 하나가 열려 있었습니다. 열린 창으로 들어오는 바람 때문에 천장에 매달린 등이 흔들렸습니다.

심심했던 갈릴레이는 설교를 듣는 대신 흔들리는 등을 바라보았습니다. 흔들흔들, 흔들흔들…….

늘 보던 등이었지만 오늘은 왠지 느낌이 달랐습니다. 흔들리는 모습이 무언가 예사롭지 않았습니다.

'음, 이상해…….'

갈릴레이는 똑바로 앉아 흔들리는 등에서 눈을 떼지 않았습니다.

바람이 많이 불면 등은 크게 흔들렸습니다. 조금씩 불면 살짝살짝 흔들렸습니다.

그런데 이상한 일이 눈앞에서 펼쳐지고 있었습니다. 크게 흔들리면 흔들리는 시간도 많이 걸려야 합니다. 하지만 크게 흔들리든 작게 흔들리든 한 번 흔들리는 데 걸리는 시간은 비슷했습니다.

'시간을 재어 볼 수밖에.'

갈릴레이는 자신의 손목 위에 손가락을 얹고 맥박을 찾았습니다. 그렇게 맥박으로 시간을 재던 갈릴레이는 자기도 모르게 놀라 소리쳤습니다.

"세상에! 똑같을 수 있다니!"

그 소리에 신부님은 설교를 뚝 멈추었습니다.

성당 안에 있던 사람들은 모두 갈릴레이 쪽으로 고개를 돌렸습니다.

"흔들리는 시간이 똑같아요!"

갈릴레이는 천장에 매달린 등을 가리켰습니다.

"등을 보고 놀란 거야?"

"정신 나간 사람이로군!"

"바보인 게 분명해!"

"쯧쯧, 젊은 사람이 안됐네."

사람들은 갈릴레이를 향해 손가락질을 했습니다.

갈릴레이는 자리를 박차고 일어나 성당을 나왔습니다.

갈릴레이 동상 | 에스파냐의 바르셀로나 거리에 있습니다.

'이건 놀라운 일이야. 크게 흔들리면 흔들리는 데 걸리는 시
간도 당연히 길어야 할 텐데…….'

부랴부랴 대학 숙소로 돌아온 갈릴레이는 끈을 찾아 그 끝
에 추를 매달았습니다.

"이 끈을 잡고 크게 흔들어 보게."

갈릴레이는 이상한 눈으로 바라보는 친구에게 이렇게 부탁

했습니다.

"자네, 나한테 장난치는 건가?"

"그런 거 아니야. 어서 좀 흔들어 보게!"

친구가 끈을 잡고 추를 크게 흔들었습니다.

갈릴레이는 추가 움직이는 데 걸리는 시간을 맥박 수로 다시 재어 보았습니다.

"됐어. 이번에는 작게 흔들어 보게."

갈릴레이의 부탁대로 친구는 또 작게 흔들었습니다.

이번에도 갈릴레이는 추가 움직이는 시간을 꼼꼼히 쟀습니다. 성당에서 재어 보았을 때와 조금도 다르지 않았습니다.

한 번, 두 번, 세 번……. 몇 번이나 되풀이해 보아도 마찬가지였습니다. 추가 흔들리는 데 걸리는 시간은 같았습니다.

"흔들리는 거리에 상관없이 추가 움직이는 시간은 항상 똑같아!"

"뭐라고? 그게 정말인가?"

친구도 놀라 물었습니다.

갈릴레이는 기쁜 나머지 친구를 와락 껴안았습니다.

뒷날, 과학자들은 갈릴레이가 발견한 이 법칙을 '진자의 등시성'이라고 불렀습니다.

시계가 없던 시절, 갈릴레이는 이 원리를 이용해 시계를 만들 생각도 해 보았습니다.

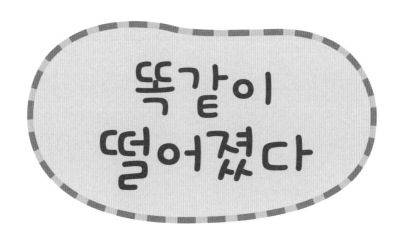

똑같이
떨어졌다

"큰 돌멩이와 작은 돌멩이를 동시에 떨어뜨리면 어느 것이
먼저 바닥에 닿을까?"

교수가 된 갈릴레이가 학생들에게 물었습니다.

학생들은 바로 대답했습니다.

"그야 당연히 큰 돌멩이가 먼저 떨어지지요."

한 학생이 이렇게 말하자, 모두 한마디씩 했습니다.

"시시한 질문 좀 하지 마세요."

"유치원 아이들한테나 할 질문을 우리한테 하시다니!"

"우리를 바보로 아시는 거예요?"

여기저기에서 학생들이 웃고 웅성거렸습니다.

그때까지만 해도 사람들은 아주 먼 옛날 그리스의 철학자가 했던 말을 믿고 있었습니다. 그 사람은 바로 아리스토텔레스였습니다.

"무게가 다른 두 물체를 떨어뜨리면 무거운 쪽이 빨리 떨어진다."

그는 그렇게 말했습니다.

사람들은 아주 오랫동안 이 말을 믿어 왔습니다.

"아니다, 그렇지 않아."

갈릴레이의 말에 학생들이 다시 술렁였습니다.

"위대한 아리스토텔레스의 말을 믿지 못하신다는 건가요? 그럼 깃털과 돌멩이를 함께 떨어뜨리면 뭐가 먼저 바닥에 닿나요?"

덩치가 큰 학생이 말했습니다. 그러자 학생들이 야유(빈정거리고 놀리는 말이나 몸짓)를 하며 비웃었습니다. 갈릴레이가 꼼

짝 못 하고 당하는 모습이 보고 싶었던 것입니다.

"공기의 마찰(저항)이 없을 때는 똑같이 떨어진다."

학생들은 믿지 않았습니다.

"그럼 좋다. 여기 무게가 서로 다른 쇠공이 두 개 있다. 이걸 피사의 탑에서 떨어뜨려 보자."

갈릴레이가 앞장서서 교실을 나갔습니다. 학생들도 이 신기한 구경거리를 보기 위해 뒤를 따랐습니다.

갈릴레이 동상 | 이탈리아의 피렌체에 있는 우피치 미술관에 세워져 있습니다.

갈릴레이는 피사의 사탑으로 갔습니다. 피사의 사탑은 쇠공을 떨어뜨리기 좋도록 비스듬히 기울어져 있었습니다.

"자, 네가 꼭대기에 올라가 동시에 떨어뜨려 보렴."

갈릴레이는 덩치가 큰 학생에게 쇠공 두 개를 주며 8층이나 되는 탑을 가리켰습니다.

학생은 탑의 계단을 올라갔습니다.

"우리는 여기서 쇠공이 떨어지는 모습을 똑똑히 지켜보자."

갈릴레이는 학생들과 함께 탑 아래에서 기다렸습니다.

한참 만에 덩치 큰 학생이 탑의 난간에 나와 섰습니다.

"자, 준비가 되었느냐?"

갈릴레이가 위쪽을 향해 소리쳤습니다.

"네!"

위에서 학생의 목소리가 들려왔습니다.

"내가 손을 들었다가 내리거든 공을 떨어뜨려라!"

갈릴레이는 손을 번쩍 들었다가 휙 내렸습니다.

그러자 곧 쇠공 두 개가 '쿵!' 하고 땅에 떨어졌습니다.

"똑같이 떨어졌다!"

"어떻게 된 일이지?"

"그럴 리가 없는데?"

엉덩이를 치켜세우고 구부린 자세로 땅을 노려보던 학생들이 소리쳤습니다.

피사의 사탑 | 갈릴레이는 이 탑에서 물체가 떨어지는 속도는 무게에 비례한다는 아리스토텔레스의 잘못을 증명했습니다.

"자, 어떤가?"

그래도 학생들은 믿을 수 없다는 표정이었습니다.

"정말 믿을 수가 없어요!"

"그렇다면 이번엔 두 배나 차이가 나는 쇠공을 떨어뜨려 볼까? 아리스토텔레스의 말대로라면 두 배 무거운 쇠공이 두 배 빨리 떨어질 테지."

그러나 그 실험 역시 마찬가지였습니다. 쇠공은 똑같은 속도로 떨어졌습니다

"실험이 없는 결과를 믿어선 안 돼."

한 번도 실험을 한 적 없는 아리스토텔레스를 갈릴레이는 은근히 비판했습니다.

감히 성서의 뜻을 어기다니!

"지구는 돌지 않는다. 도는 건 오히려 태양이다."

사람들은 대부분 이 말을 믿었습니다. 아침마다 해는 동쪽에서 뜹니다. 그 해는 중천(하늘의 한가운데)으로 떠올라 서쪽으로 사라집니다. 이 때문에 사람들은 지구는 움직이지 않고, 해가 지구를 따라 돈다고 믿었습니다.

그런데 이 주장에 반대 의견을 내놓은 사람이 있었습니다. 폴란드의 천문학자 코페르니쿠스였습니다.

"무슨 말씀! 태양은 움직이지 않습니다. 1년에 한 바퀴씩 지

구가 태양의 둘레를 돕니다."

이 말을 들은 사람들은 깜짝 놀랐습니다.

"세상에! 사람을 놀려도 분수가 있지!"

그 말에 누군가가 맞장구를 쳤습니다.

"바보로군! 지구가 돈다면 집들이 쓰러지고, 사람들이 곤두 박질을 할 게 아닌가?"

"그것뿐이겠어? 돼지며 소들은 다 하늘로 날아갈 테지."

"개울물이며 바닷물은 또 어떻고? 다 쏟아지겠지."

사람들은 코페르니쿠스의 말을 비웃었습니다.

그 코페르니쿠스가 죽고 49년이 지나자 조르다노 브루노라 는 사람이 나타나 말했습니다.

"코페르니쿠스의 말이 맞소. 태양이 도는 게 아니라 지구가 도는 거요."

조용하던 세상이 다시 소란스러워졌습니다.

"지구가 도는 겁니다! 지구가 우주의 중심이라는 말은 완전 히 틀린 말입니다."

브루노는 수도사였지만 교회의 가르침에 늘 의문을 품고 있었습니다.

"우리가 탈것을 타고 앞으로 달려가면 주위의 사물들이 뒤로 움직이는 것처럼 보이지요? 태양과 지구도 마찬가지입니다. 태양이 움직이고 있는 것처럼 보이는 건, 실은 지구가 움직이기 때문이오."

브루노는 자신 있게 말했습니다.

"감히 성서를 모독하다니!"

교회는 브루노를 미워했습니다. 지구가 우주의 중심이라고 오랫동안 가르쳐 왔기 때문이었습니다. 교회 지도자들은 브루노를 잡아들이라고 명령했습니다.

브루노는 미리 그 사실을 알고는 이탈리아에서 도망을 쳤습니다. 하지만 그는 국경을 넘으면서도 자기 뜻을 굽히지 않았습니다.

"지구가 돌지, 태양이 도는 게 아니야."

여러 나라로 도망쳐 다니던 브루노는 끝내 붙잡히고 말았습

GALILAEVS GALILEIVS PATRIC. FLOR.
GEOMETRIAE ASTRONOMIAE PHILOSOPHIAE MAXIMVS RESTITVTOR
NVLLI AETATIS SVAE COMPARANDVS,
HIC BENE QVIESCAT

갈릴레이 무덤 | 이탈리아의 피렌체 산타 크로스 대성당에 있습니다.

니다. 브루노는 재판정에 불려 나왔습니다.

"누구든 성서에 어긋나는 주장을 하면 무서운 벌을 받는다. 너를 그 본보기로 삼을 것이다."

그래도 브루노는 물러서지 않았습니다.

"지구는 우주의 중심이 아니란 말입니다!"

교회는 브루노를 감옥에 가두었습니다. 8년 동안이나 감옥 살이를 시킨 뒤에도 교회는 끝내 그를 용서하지 않았습니다. 브루노는 로마 광장으로 끌려 나왔습니다.

"성서를 모독하는 자에게 죽음을 내리노라!"

브루노는 마침내 가장 무서운 벌인 화형을 선고받고 죽었습니다.

'교회가 꼼짝 못 하도록 지구가 돈다는 걸 증명해야 해!'

브루노의 죽음을 지켜보던 갈릴레이는 주먹을 불끈 쥐며 마음속으로 다짐했습니다.

망원경으로 달을 보다

"갈릴레이, 무얼 만들고 있는 건가?"

어느 날, 베네치아에 사는 친구 파올로 사르피가 찾아왔습니다.

"망원경을 만들고 있다네."

갈릴레이는 망원경에 쓸 렌즈를 닦고 있었습니다.

"허허허, 자네 고집이라면 달을 볼 수 있는 망원경쯤은 만들고도 남지."

파올로는 갈릴레이가 무언가에 몰두하는 모습을 보는 것이

좋았습니다.

　몇 달 전입니다. 파올로는 갈릴레이에게 망원경을 보여 준 적이 있었습니다. 갈릴레이는 파올로가 보여 준 망원경이 실망스러웠습니다.

　"그런데 말일세, 파올로……."

　갈릴레이가 나지막하게 파올로를 불렀습니다.

　"왜 그러는가? 이게 만족스럽지 않다, 이 말이지?"

　갈릴레이는 고개를 끄덕였습니다.

"나는 이 정도가 아니라 실물보다 아홉 배쯤 크게 볼 수 있는 망원경을 만들고 싶네."

이 말을 듣고 파올로는 침을 꿀꺽 삼켰습니다.

"정말 그런 걸 만들 수만 있다면 군대에 팔아 큰돈을 벌 수 있을지도 모르지."

망원경은 전쟁을 하는 군대 입장에서는 정말 중요한 물건이었습니다.

"아니! 난 그것으로 달을 관찰할 걸세."

갈릴레이의 생각은 다른 데 있었습니다.

그는 달과 별을 관찰해 지구가 돌고 있다는 걸 증명해 보이고 싶었습니다.

"과연 훌륭한 학자답군."

파올로는 그런 갈릴레이가 무척이나 믿음직스러웠습니다.

갈릴레이는 기다란 통 한쪽 끝에다 깨끗하게 닦은 오목 렌즈를 끼웠습니다. 다른 쪽 끝에는 볼록 렌즈를 끼웠습니다.

얼마 후 하늘을 관찰할 수 있는 천체 망원경이 드디어 만들

갈릴레이 초상화가 있는 2유로 동전

어졌습니다.

"자, 우리 높은 데 올라가서 이걸로 마을을 내려다보세!"

갈릴레이와 파올로는 산마르코 성당의 종탑(꼭대기에 종을 매달아 치도록 만든 탑)으로 올라갔습니다.

종탑 위에 서서 갈릴레이가 먼 데 마을을 살폈습니다.

파올로도 망원경을 건네받아 마을을 내려다보았습니다.

"이거 굉장한데! 강아지가 황소만 하게 보이는군!"

파올로가 놀라는 모습을 본 갈릴레이는 무척이나 기뻤습

니다.

　파도바로 돌아온 갈릴레이는 더 좋은 천체 망원경을 만들었습니다. 그리고는 성당의 종탑에 올라가 밤마다 망원경으로 달을 관찰했습니다.

　"오호! 보인다, 보여! 아주 잘 보여!"

　망원경으로 본 달의 표면은 지금까지 사람들이 알

고 있는 것과 달리 울퉁불퉁했습니다. 지구처럼 산도 있고, 골짜기도 있었습니다.

'아리스토텔레스의 말과 전혀 달라.'

아리스토텔레스는 달의 표면이 쟁반처럼 평평하고 매끄럽

갈릴레오 갈릴레이 천문관 | 아르헨티나 부에노스아이레스의 팔레르모 인근에 있는 갈릴레오 갈릴레이 천문관과 그 주변 풍경입니다.

다고 주장했습니다.

'목성은 또 어떨까?'

지구와 가까운 목성이라는 별도 궁금했습니다.

목성을 관찰하던 갈릴레이는 또 한 번 놀랐습니다.

목성과 위성들 | 갈릴레이는 자신이 만든 천체 망원경으로 목성을 관찰하던 중 목성을 따라 도는 네 개의 위성을 발견했습니다.

목성의 모양이 변하는 데는 1년 3개월이나 걸렸습니다.

'그렇다면 목성도 태양을 중심으로 도는 게 틀림없어!'

갈릴레이는 이것 외에 목성을 따라 도는 네 개의 위성도 발견했습니다.

오랜 관찰 끝에 갈릴레이는 망원경을 내려놓았습니다.

'모든 별들은 태양을 중심으로 돌고 있다. 지구처럼.'

갈릴레이는 코페르니쿠스의 주장이 옳다는 것을 관찰을 통해 알아냈습니다.

재판

"성서는 절대적으로 옳다!"

사람들은 성서의 가르침을 믿었습니다.

"그야 당연한 말씀!"

"성서는 진실만을 담고 있으니까."

성서에 대한 사람들의 믿음은 당장 갈릴레이에게 화가 되어 돌아왔습니다.

"성서를 욕되게 하는 갈릴레이는 나쁜 사람이야."

"암, 그렇고말고. 지구가 돌다니!"

"지구가 아니라, 태양이 도는 거라고!"

"지구가 돈다는 그의 말은 거짓말이야."

"우리를 속이려는 사기꾼이지."

사람들은 한결같이 갈릴레이를 못마땅하게 여겼습니다.

그러나 그런 사람들만 있는 것은 아니었습니다.

"난 말이야, 바른말을 할 줄 아는 그가 존경스럽다네."

"지구가 돈다는 걸 망원경으로 보았다지 않은가?"

은근히 갈릴레이를 두둔하는 사람들도 있었습니다.

그러자 가장 당황한 건 교회를 이끌고 있는 지도자들이었습니다. 그 가운데 교회의 수도사인 카티니라는 사람이 있었습니다.

"태양이 세계의 중심이고 움직이지 않는다고? 지구는 세계의 중심이 아니며 움직인다고? 이건 말도 안 돼. 세계의 중심은 지구야!"

그는 갈릴레이를 교회의 이단자(교회의 교리에 어긋나는 이론이나 행동을 하는 사람)로 여겨 교황청에 고해바쳤습니다.

갈릴레이 재판 그림 | 성서 모독으로 로마 교황청으로부터 재판을 받고 있는 장면입니다.

"갈릴레이 같은 이단자는 멀리 쫓아 버려야 합니다."

교황은 갈릴레이와 가까운 사이였습니다. 하지만 그렇다고 해서 그대로 있을 수도 없었습니다.

"이런 자를 이탈리아에 그냥 두면 나라가 혼란스러워질 뿐입니다."

카티니는 몇 번이나 갈릴레이를 내쫓자고 청했습니다.

"그럼 내쫓기 전에 재판부터 받도록 하게."

갈릴레이의 옛 친구인 교황은 이런 결정을 내렸습니다.

갈릴레이는 불편한 몸을 이끌고 교황이 있는 로마로 재판을 받으러 갔습니다.

재판정에 선 갈릴레이에게 베라르미노 추기경이 엄격한 목소리로 물었습니다.

"갈릴레오 갈릴레이, 지구가 돈다는 것은 성서에 어긋나는 주장이다. 인정하는가?"

갈릴레이는 눈을 감았습니다. 지구가 돈다는 건 뚜렷한 사실이었습니다.

"음……."

갈릴레이는 짧은 신음을 내뱉을 뿐 아무 말도 하지 않았습니다. 그러자 추기경이 다시 목소리를 높여 물었습니다.

"성서에 나오는 이 말이 옳은가, 옳지 않은가?"

추기경이 다시 대답을 재촉했습니다.

"성서를 따르지 않으면 감옥에 넣을 것이다!"

추기경의 목소리는 높고 거칠었습니다.

갈릴레이는 힘없이 고개를 떨어뜨렸습니다. 아들과 딸의 얼굴이 떠올랐습니다. 변변하지 못하게 꾸려 가는 집안 살림도 생각났습니다.

"대답하라!"

추기경이 다그쳤습니다.

갈릴레이는 천천히 고개를 들더니 힘없는 목소리로 말했습니다.

"성서의 말씀이 옳습니다."

갈릴레이는 간신히 대답했습니다.

"그렇다면 지구는 돌지 않는다고 말할 수 있는가?"

추기경은 기어이 다짐을 받아 내려 했습니다.

"네, 네……."

이렇게 대답하고 갈릴레이는 재판정을 나왔습니다.

그래도
지구는 돈다

첫 번째 재판을 받은 지 16년이 지났습니다.

갈릴레이는 달과 목성, 금성 등 여러 별들을 쉬지 않고 관찰했습니다. 그 결과『두 가지 우주 체계에 대한 대화』라는 책을 펴냈습니다. 이 책에서 갈릴레이는 또다시 우주의 중심은 지구가 아니라 태양이라는 글을 썼습니다.

"아니, 갈릴레이가 지난날의 약속을 어기고 또 이단의 짓을 하다니!"

로마 교황은 버럭 화를 냈습니다.

"도저히 갈릴레이를 용서할 수 없다!"

"이런 자를 살려 두어선 안 돼!"

아무리 설득해도 성서를 따르지 않는 갈릴레이가 괘씸해서 견딜 수 없었습니다.

"다시 재판정에 세우시오!"

로마 교황은 갈릴레이를 로마로 불렀습니다.

그러나 갈릴레이는 이제 나이가 들어 몸이 많이 약해져 있었습니다. 그뿐 아니라 얼마 전에 사랑스런 딸 마리아 첼레스테를 병으로 잃어 큰 슬픔에 빠져 있었습니다.

갈릴레이는 교황에게 편지를 썼습니다.

"교황님, 지금은 몸이 불편하오니 재판을 잠시만 뒤로 미루어 주십시오."

그러나 갈릴레이의 부탁은 받아들여지지 않았습니다.

갈릴레이는 지치고 허약해진 몸을 이끌고 교황청이 있는 로마로 향할 수밖에 없었습니다.

재판을 받기 전, 갈릴레이는 감옥에 갇혔습니다. 교황청에 있는 갈릴레이의 친구들이 그를 찾아왔습니다.

"이보게……."

"지난번 재판에서 교황과 했던 약속을 어겼으니 이번에는 살아서 나가기 어려울 걸세."

지친 갈릴레이는 아무 말 없이 친구들을 쳐다보았습니다.

"그러나……."

한 친구가 입을 열었습니다.

"그러나 뭔가?"

갈릴레이가 그 친구를 바라보았습니다.

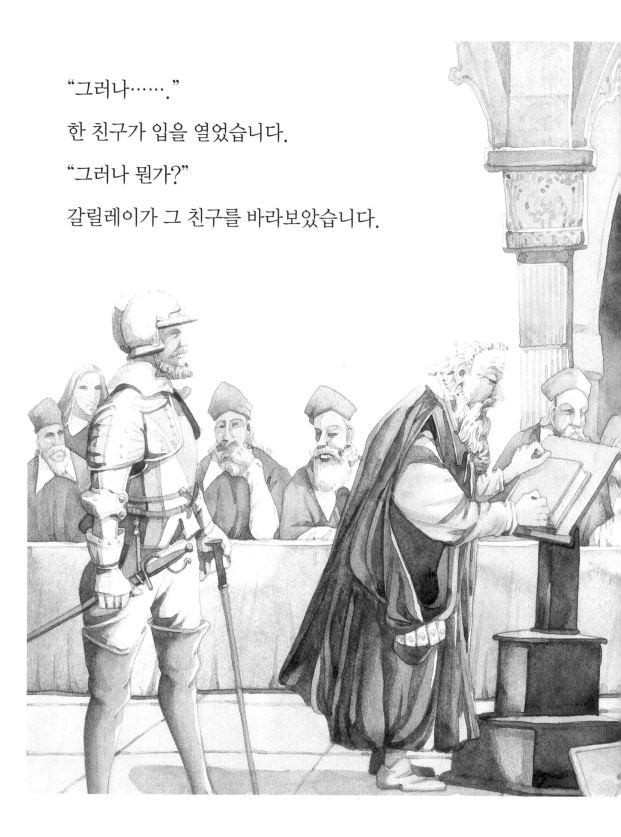

"자네가 쓴 책이 거짓이라고 말하면 살 수 있을 걸세."

이 말을 들은 갈릴레이는 가슴이 미어지듯 아팠습니다.

"흠……."

갈릴레이는 아무 대답도 하지 않고 한숨만 쉬었습니다.

마침내 갈릴레이는 재판정에 섰습니다.

재판관이 갈릴레이에게 말했습니다.

"갈릴레이, 당신이 쓴 책의 내용이 모두 거짓이라고 인정하고, 지구가 돌고 있다는 생각을 버린다면 이번만은 살려 주겠다. 만일 내 말에 따르지 않는다면 가장 무서운 벌을 내릴 것

뮌헨의 한 박물관에서 열린 '갈릴레오 갈릴레이전'에 전시된 물건들

이다."

가장 무서운 벌이란 사형을 뜻하는 것이었습니다.

"자, 어떻게 하겠는가?"

재판관이 다그쳤습니다.

늙고 지친 갈릴레이는 조용히 입을 열었습니다.

"재판관님의 말을 모두 인정합니다……."

"성서는 언제나 옳다. 이것도 인정하느냐?"

재판관이 다시 물었습니다.

"그렇습니다."

"좋다, 그럼 판결을 내리겠다……."

이렇게 해서 재판은 끝나고, 갈릴레이는 사형 대신 종신형을 선고받았습니다.'

하지만 재판정을 나오면서 갈릴레이는 혼잣말로 중얼거렸습니다.

"그래도 지구는 돈다."

갈릴레이의 생각은 분명히 옳았습니다. 그러나 갈릴레이도

로마 교황청, 갈릴레이 재판 잘못 인정 ┃ 1992년 10월 31일, 로마 교황 요한 바오로 2세는 바티칸 교황청에 학술원 회원을 초청하고, 이 자리에서 갈릴레이에 대한 재판이 잘못된 것이었음을 인정했습니다. 그리고 지동설을 주장하다가 교회로부터 파문을 당한 갈릴레이에 대한 법률적인 자격과 권리를 회복시켰습니다. 갈릴레이가 죽은 지 350년이 지난 뒤의 일이었습니다.

교회의 권위를 이길 수는 없었습니다.

피렌체로 돌아온 갈릴레이는 경비원에게 감시를 받으면서도 열심히 연구했습니다. 다시 글을 쓰고, 중요한 발명품도 만들었습니다.

그렇게 살다가 갈릴레이는 일흔여덟 살의 나이로 세상을 떠났습니다. 그때가 1642년 1월 8일이었습니다. ✤

갈릴레이의 삶

연대	발 자 취
1564년(0세)	2월 15일, 이탈리아의 피사에서 태어나다.
1574년(10세)	아버지 빈센초를 따라 피렌체로 이사하다.
1581년(17세)	피사 대학에 입학해 의학을 공부하다.
1589년(25세)	피사 대학의 수학 교수로 임명되다.
1590년(26세)	떨어지는 물체의 특성을 기록한 책을 펴내다.
1591년(27세)	피사 탑에서 낙하 물체에 대한 실험을 하다. 아버지가 세상을 떠나다.
1592년(28세)	파도바 대학으로 옮겨 수학 교수가 되다.
1609년(45세)	망원경 모델을 만들어 천체 관측을 시작하다.
1610년(46세)	망원경의 배율을 높여 천체를 관측한 뒤 『별의 소식』이라는 책을 펴내다. 아내와 이혼하고 피렌체로 돌아오다. 코페르니쿠스의 지동설을 지지하다.
1616년(52세)	지동설 주장에 대한 첫 번째 재판을 받다.
1618년(54세)	혜성 세 개가 하늘에 나타나, 이 현상을 두고 아리스토텔레스를 지지하는 이들과 논쟁을 하다.
1624년(60세)	교황에게 지동설과 천동설을 균형 있게 쓰라는 명령을 받다.
1632년(68세)	『두 가지 우주 체계에 대한 대화』라는 책을 펴내다.
1633년(69세)	로마에서 두 번째 재판을 받고 종신형을 선고받다.
1634년(70세)	『두 새로운 과학에 대한 논의와 수학적 논증』을 펴내다.
1637년(73세)	눈병에 걸려 시력을 잃다.
1642년(78세)	1월 8일, 세상을 떠나다.

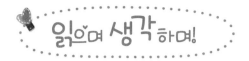

1. 갈릴레이의 어릴 적 꿈은 무엇이었나요?

2. 갈릴레이가 다음과 같은 실험을 하여 발견한 법칙은 무엇인가요?

친구가 끈을 잡고 추를 크게 흔들었습니다.

갈릴레이는 추가 움직이는 데 걸리는 시간을 맥박 수로 다시 재어 보았습니다.

"됐어. 이번에는 작게 흔들어 보게."

갈릴레이의 부탁대로 친구는 또 작게 흔들었습니다.

이번에도 갈릴레이는 추가 움직이는 시간을 꼼꼼히 쟀습니다.

3. 로마 교황청이 '지구가 돈다.'는 갈릴레이의 주장에 극도로 화를 내며 그를 억압한 이유는 무엇인가요?

4. 지구가 우주의 중심이라는 당시의 믿음과 달리 갈릴레이는 지구가 돈다고 주장해 재판을 받고 감옥에 갇히는 어려움을 겪었습니다. 결국 갈릴레이는 재판관의 협박에 자신의 주장을 굽히고 맙니다. 내가 갈릴레이였다면 어떻게 했을지, 찬성과 반대 의견을 말해 보세요.

"갈릴레이, 당신이 쓴 책의 내용이 모두 거짓이라고 인정하고, 지구가 돌고 있다는 생각을 버린다면 이번만은 살려 주겠다. 만일 내 말에 따르지 않는다면 가장 무서운 벌을 내릴 것이다."

가장 무서운 벌이란 사형을 뜻하는 것이었습니다.

"자, 어떻게 하겠는가?"

재판관이 다그쳤습니다. 늙고 지친 갈릴레이는 조용히 입을 열었습니다.

"재판관님의 말을 모두 인정합니다……."

찬성 :

반대 :

5. 공기의 마찰이 없는 한 무게가 다른 두 물체는 같은 속도로 떨어진다는 것을 증명하기 위해 갈릴레이는 어떤 실험을 했나요? 이를 통해 그의 학생들은 어떤 교훈을 얻을 수 있었나요?

6. 첫 번째 재판을 받은 지 17년 만에 갈릴레이는 다시 재판을 받게 됩니다. 『두 가지 우주 체계에 대한 대화』라는 책 속에 '우주의 중심은 태양'이라는 내용을 담았기 때문이지요. 재판을 위해 로마로 불러들인 교황에게 갈릴레이가 되어 재판을 미루어 달라는 편지를 써 보세요.

풀이

1. 수도사

2. 진자의 등시성.

3. 갈릴레이의 주장은 성서와 반대되는 것이어서.

4. 예시 : ·찬성—남에게 피해를 주지 않는 한 위급한 상황에서는 목숨을 지키는 것이 중요하다고 생각한다. 그 위기를 모면했기에 갈릴레이는 귀중한 책을 써 후세의 과학자들에게 큰 도움을 줄 수 있었다.
　　·반대—어떤 분야에 몸담고 있는 사람이라도 옳은 것은 옳다고 주장할 줄 아는 용기가 필요하다고 생각한다. 특히 남에게 본보기가 되는 위치에 있는 사람일수록 이러한 책임감이 꼭 필요하다고 생각한다.

5. 예시 : 피사의 사탑으로 올라가 무게가 다른 쇠공 두 개를 떨어뜨리는 실험을 했다. 무거운 물체가 더 빨리 떨어진다는 아리스토텔레스의 가설을 믿고 있던 학생들은 이 실험을 통해 '실험 없는 결과를 믿어서는 안 된다.'는 사실을 깨닫게 되었다.

6. 예시 : 존경하는 교황님, 우선 제 책 때문에 심려를 끼쳐 드려 대단히 죄송합니다. 마땅히 재판을 받으러 가야 하겠으나, 제가 나이가 많아 먼 길을 여행할 수 없는 상태임을 이해해 주시기를 부탁드립니다. 더구나 얼마 전 병으로 딸을 잃은 노인의 심정을 헤아려 자비를 베풀어 주십시오. 도망을 가려는 것이 아니니, 부디 재판 날짜를 미루어 주시기 바랍니다.

최무선
(1328~1395)

신사임당
(1504~1551)

황희
(1363~1452)

이이
(1536~1584)

세종
대왕
(1397~1450)

허준
(1539~1615)

광개토
태왕
(374~412)

연개
소문
(?~666)

장보고
(?~846)

장영실
(?~?)

유성룡
(1542~1607)

을지문덕
(?~?)

김유신
(595~673)

대조영
(?~719)

왕건
(877~943)

강감찬
(948~1031)

고구려
살수
대첩
(612)

견훤
후백제
건국
(900)

문익점
원에서
목화씨
가져옴
(1363)

고려
강화로
도읍
옮김
(1232)

신라
삼국
통일
(676)

궁예
후고구려
건국
(901)

개경
환도,
삼별초
대몽
항쟁
(1270)

최무선
화약
만듦
(1377)

임진
왜란
(1592~1598)

고조선
건국
(B.C. 2333)

철기
문화
보급
(B.C.
300년경)

고조선
멸망
(B.C. 108)

고구려
불교
전래
(372)

신라
불교
공인
(527)

대조영
발해
건국
(698)

장보고
청해진
설치
(828)

왕건
고려
건국
(918)

귀주
대첩
(1019)

윤관
여진
정벌
(1107)

조선
건국
(1392)

훈민
정음
창제
(1443)

한산도
대첩
(1592)

B.C.	선사 시대 및 연맹 왕국 시대				A.D. 삼국 시대			698 남북국 시대	918	고려 시대			1392	
2000	500	400	300	100	0	300	500	600	800	900	1000	1100	1200	1300	1400	1500	16

B.C.	고대 사회		A.D. 375	중세 사회		1400

중국
황하
문명
시작
(B.C.
2500년경)

인도
석가모니
탄생
(B.C. 563년경)

알렉
산더
대왕
동방
원정
(B.C. 334)

크리
스트교
공인
(313)

게르만
민족
대이동
시작
(375)

로마
제국
동서로
분열
(395)

수나라
중국
통일
(589)

이슬람교
창시
(610)

수 멸망
당나라
건국
(618)

러시아
건국
(862)

거란
건국
(918)

송 태종
중국
통일
(979)

제1차
십자군
원정
(1096)

테무친
몽골
통일
칭기즈
칸이 됨
(1206)

원 제국
성립
(1271)

원 멸망
명 건국
(1368)

잔
다르크
영국군
격파
(1429)

구텐
베르크
금속
활자
발명
(1450)

코페르니
쿠스
지동설
주장
(1543)

도요토미
히데요시
일본
통일
(1590)

석가모니
(B.C. 563?~
B.C. 483?)

예수
(B.C. 4?~
A.D. 30)

칭기즈 칸
(1162~1227)

주시경 (1876~1914)
김구 (1876~1949)
안창호 (1878~1938)
안중근 (1879~1910)
우장춘 (1898~1959)
방정환 (1899~1931)
유관순 (1902~1920)
윤봉길 (1908~1932)
이중섭 (1916~1956)
백남준 (1932~2006)
이태석 (1962~2010)

정약용 (1762~1836)
김정호 (~?)
이승훈 천주교 전도 (1784)

최제우 동학 창시 (1860)
강화도 조약 체결 (1876)
김정호 대동여지도 제작 (1861)
지석영 종두법 전래 (1879)
갑신 정변 (1884)
동학 농민 운동, 갑오 개혁 (1894)
대한 제국 성립 (1897)
을사 조약 (1905)
헤이그 특사 파견, 고종 퇴위 (1907)
한일 강제 합방 (1910)
3·1 운동 (1919)
어린이날 제정 (1922)
윤봉길·이봉창 의거 (1932)
8·15 광복 (1945)
대한 민국 정부 수립 (1948)
6·25 전쟁 (1950~1953)
10·26 사태 (1979)
6·29 민주화 선언 (1987)
서울 올림픽 개최 (1988)
북한 김일성 사망 (1994)
의약 분업 실시 (2000)

| 선 시대 | 1876 개화기 | 1897 대한 제국 | 1910 일제 강점기 | 1948 대한민국 |

| 1700 | 1800 | 1850 | 1860 | 1870 | 1880 | 1890 | 1900 | 1910 | 1920 | 1930 | 1940 | 1950 | 1970 | 1980 | 1990 | 2000 |

| 근대 사회 | 1900 | 현대 사회 |

미국 독립 선언 (1776)
프랑스 대혁명 (1789)
청·영국 아편 전쟁 (1840~1842)
미국 남북 전쟁 (1861~1865)
베를린 회의 (1878)
청·프랑스 전쟁 (1884~1885)
청·일 전쟁 (1894~1895)
헤이그 평화 회의 (1899)
영·일 동맹 (1902)
러·일 전쟁 (1904~1905)
제1차 세계 대전 (1914~1918)
러시아 혁명 (1917)
세계 경제 대공황 시작 (1929)
제2차 세계 대전 (1939~1945)
태평양 전쟁 (1941~1945)
국제 연합 성립 (1945)
소련 최초 인공위성 발사 (1957)
제4차 중동 전쟁 (1973)
소련 아프가니스탄 침공 (1979)
미국 우주 왕복선 콜럼비아호 발사 (1981)
독일 통일 (1990)
유럽 11개국 단일 통화 유로화 채택 (1998)
미국 9·11 테러 (2001)

워싱턴 (1732~1799)
페스탈 로치 (1746~1827)
2차 ...트 (1756~1791)
나폴 레옹 (1769~1821)
링컨 (1809~1865)
나이팅 게일 (1820~1910)
파브르 (1823~1915)
노벨 (1833~1896)
에디슨 (1847~1931)
가우디 (1852~1926)
라이트 형제 (형, 윌버 1867~1912 / 동생, 오빌 1871~1948)
마리 퀴리 (1867~1934)
간디 (1869~1948)
아문센 (1872~1928)
슈바이처 (1875~1965)
아인슈타인 (1879~1955)
헬렌 켈러 (1880~1968)
테레사 (1910~1997)
만델라 (1918~2013)
마틴 루서 킹 (1929~1968)
스티븐 호킹 (1942~2018)
오프라 윈프리 (1954~)
스티브 잡스 (1955~2011)
빌 게이츠 (1955~)

2024년 6월 10일 2판 4쇄 펴냄
2014년 1월 10일 2판 1쇄 펴냄
2008년 1월 20일 1판 1쇄 펴냄

펴낸곳 (주)효리원
펴낸이 윤종근
글쓴이 권영상 · **그린이** 김윤조
등록 1990년 12월 20일 · **번호** 2-1108
사진 제공 중앙포토
우편 번호 03147
주소 서울시 종로구 삼일대로 457, 406호
전화 02)3675-5222 · **팩스** 02)765-5222

ⓒ 2008 · 2014, (주)효리원

이메일 hyoreewon@hyoreewon.com
홈페이지 www.hyoreewon.com